LES MAGNIFICENCES DE L'ACCVEIL FAIT EN Espaigne à Charles Emanuel, Duc de Sauoye, Prince de Piedmont :

Auec les superbes ceremonies de ses Fiançailles & Espousailles, faites en la ville de Sarragosse.

A PARIS,

Par Pierre Cheuillot, iouxte la copie imprimee à Lyon.

Auec permission.

1585.

LES MAGNIFICENCES DE L'ACCVEIL FAICT EN Eſpaigne à Charles Emanuel, Duc de Sauoye, Prince de Piedmont:

Auec les ſuperbes ceremonies de ſes Fiançailles & Eſpouſailles, faites en la ville de Sarragoſſe.

E Samedy deuxieſme iour du moys de Mars, ſõ Alteſſe partit de Barceloine, pour s'acheminer à Sarragoſſe, & fut accõpaigné du Viceroy de Cathalogne iuſques aux limites & cõfins du royaume d'Aragõ, de lieu en lieu on luy feiſt les carreſſes, accueils & bien venus cõme ſi ç'euſt eſté la propre perſonne du Roi, auec feus, manieres de recreatiõs, cõbats de taureaux & toutes les magnificẽces qu'il eſtoit poſſible de penſer:

de faict ſa Maieſté l'auoit enioint treſ-expreſſement. En la cité de Lerida le premier iour de Careſme, outre les feſtes des taureaux, fut appreſté vn Tournoy, auquel entrerent pluſieurs Cheualiers de l cité. Le lendemain le Viceroy d'Arragon vint ſaluer ſon Alteſſe ſur les confins, & par ce moyen ſe licentia celuy de Cataloigne, par tout où il paſſoit on continua les meſmes traictemens, feux & feſtes. Le Vēdredy ſon Alteſſe ſe confeſſa, & le Samedy ſe communia, comme fit auſſi la Sereniſſime Infante, Dame Catherine : Telle reſolution ayant eſté priſe des deux coſtez. Le Dimanche ſuiuāt ſon Alteſſe arriua à Sarragoſſe, où ſa Maieſté & toute ſa Cour le rencontra hors de la ville. Sa Maieſté eſtant touſiours à cheual ſe mit en vn champ ſemé, autour duquel eſtoit toute la Cour, en forme d'vn grād cercle, auec toutes ſes gardes & vne fort belle & infinie multitude de peuple, qui s'eſtoient là trouuez, pour iouyr de la veüe d'vne ſi magnifique reception, qui ſe deuoit faire. Sa Maieſté commanda que toute la trouppe de ſon Alteſſe, qui eſtoit de ſix cens cheuaux en poſte & d'auantage, paſſaſt par deuant ſa Maieſté.

Arriuee que fut ſon Alteſſe prés le lieu, où eſtoit ſa Maieſté, elle deſcendit de cheual, comme auſſi fit peu apres ſa Maieſté, vers laquelle ſon Alteſſe s'achemina à grands pas, & mit vn genouil à terre, comme telle eſt la couſtume, & auſſi qu'elle ne pouuoit ſe ſaouler de faire honneur à celuy, lequel elle reuere & honore. Sa Maieſté tout ſoudain l'embraſſa & le leua, & eſtant debout, luy dit à haulte voix, *Comme ſe porte voſtre Alteſſe?* Apres pluſieurs propos tenus d'vne part &

d'autre & toutes les bien-venues & caresses, qui ont accoustumé d'estre pratiquees en tel cas, le Prince de Geneuois baisa les mains à son Altesse, & aussi le Seigneur Dom Amadeo.

Cependant tous les seigneurs d'Espagne, qui assistoient là ne mirent pied à terre, comme aussi ne firent ceux de la suitte de son Altesse, à cause qu'auparauant il auoit esté ainsi determiné.

Remontée que fut sa maiesté & son Altesse pareillement, quoy que du commencement son Altesse en fit difficulté, sa Maiesté le fit marcher à sa main droite, & en ceste faço ils entrerent en la cité, & s'entremeslerent les Cheualiers de sa Maiesté auec ceux de son Altesse, pour les accompaigner: & passant sur le pont d'Ebro, les Serenissimes Infantes estoient en vne fenestre du Palais, de laquelle elles pouuoient descouurir & voir passer toute la compaignie ſans eſtre apperceües. Arriuez qu'ils furent au Palais, le Prince d'Eſpaigne reçeut ſon Alteſſe ſur les degrez, & ſa Maieſté conduiſit ſon Alteſſe en ſon hoſtel.

Comme ils furent arreſtés en la grand ſalle ſa Maieſté fit voir à ſon Alteſſe vne fort notable compagnie des plus grãds & ſignalés Seigneurs d'Eſpagne. En apres ſa Maieſté voulut, q̃ tous les Seigneurs, qui eſtoiẽt de la part de ſon Alteſſe, luy baiſaſſent les mains, & que le Baron Sfondart fut celuy, lequel commança, & que l'on les luy deſigna vn chaſcun par leur nom & qualitez. Apres cela ſa Maieſté cõduiſit ſon Alteſſe iuſques au dedans de ſa chambre, puis ſe retira à ſon hoſtel. Deux ou trois heures apres ſa Maieſté vint en l'hoſtel & chambre de ſon Alteſſe, & la conduiſit touſiours à la main droite en vne grande ſalle, où eſtoiẽt les cheualiers & les Dames. A la mesme heure que sa Maiesté & son Altesse entroiẽt, le Prince d'Espaigne & les deux Infantes entrerẽt par vne autre porte: & estans montées sur vn lieu haut esleué, dressé tout expres, au dessus duquel estoit vn poile de tresgrande & tresprecieuse valeur, son Altesse vint faire la reuerance aux Infantes, qui le receurẽt d'vn visage fort ioyeux. Soudain le Seigneur Cardinal de Granuelle les fiança le Dimãche dixiesme iour du moys de Mars, és presences des Cardinaux de Seuill e, du Nunce de sa Saincteté, de l'Archeuesque de Saragosse, & de l'Ambassadeur de Venise, lesquels Cardinaux peu auparauant estoient venus visiter son Altesse.

Apres les fiançailles vindrent le Prince de Geneuois, le Seigneur Don Amadeo, & tous les grãds: & en apres toutes les Dames à faire le para biẽ, & se se resiouyr auec sa Maiesté, le Prince, les deux Infantes, & son Altesse: ce qui dura deux grosses heures. Depuis se commença le bal, lequel dura iusques apres la minuit: Et sur la fin le Prince alla danser l'Infante Dame Isabelle, & son Altesse l'Infãte Dame Catherine: & se leua sa Maiesté, & demoura descouuert pendant qu'ils danserent. Et auant ce elle estoit assise entre les deux Infantes, & son fils deuant luy. Apres que ledict bal fut acheué, sa Maiesté reconduisit son Altesse à son hostel, & iusques au dedans de sa chambre: puis s'en alla souper. Le Lũdy suyuant sa Maiesté le matin tourna prendre son Altesse à sa chambre, & l'accõpagna iusques à la grand' salle, en laquelle en mesme temps entrerent par vne autre porte le Prince & les Infantes vestues l'vne comme l'autre, & to⁹ ensemble allerẽt à l'Eglise Cathedrale, eſtant ſon Alteſſe à la main droicte du Roy: & marchoit en apres le Prince d'Eſpaigne, & en apres les Infantes, l'eſpouſe à la main droitte de l'autre. Et arriuez à la porte de ladicte Egliſe l'Archeueſque de Saragoſſe les eſpouſa, auquel acte l'on veit que ſon Alteſſe & Madame changerent de couleur, & furent fort paſles. En apres lon châta la Meſſe auec belle muſique. Et apres icelle furent voylez à la couſtume d'Eſpagne, Ce faict, ladicte Dame baiſa les mains à ſa Maieſté, qui la baiſa au viſage, ſon Alteſſe baiſa auſſi les mains à ſa Maieſté: & voulant mettre le genoil à terre, ſa Maieſté le ſouſtint, & l'embraſſa: & toutesfois ſadicte Alteſſe mit les genoux en terre. L'infante Iſabelle baiſa auſſi les mains à ſa Maieſté: puis elle, ſa ſeur & ſon Alteſſe les baiſerent au prince, & s'embraſſerent entre eux. De là ils vindrent à diſner au mesme lieu où furent faictes les fiançailles, & se mit le Roy à seoir au haut bout de la table. Et apres feit asseoir son Altesse, puis l'Infante dame Catherine, & apres sa seur. L'apres-disnée le Roy reconduisit son Altesse en son hostel, où elle demeura iusques au soir, que sa Maiesté de nouueau alla prendre son Altesse, & la mena en ladicte salle, où estoit apresté le bal, lequel dura iusques à deux heures apres minuict: & sur la fin fut publié vn cartel pour combattre à la lice. Cela faict, sa Maiesté mena son Altesse à sa châbre. Ceste nuict se consomma le mariage auec tresgrande resiouissance de toute l'assemblee & du peuple. Le Mardy suyuant fut employé en visitations d'Ambassadeurs. En apres son Altesse alla sur le soir trouuer sa Maiesté, le Prince les Infantes: puis virẽt vn ieu de Cariſſellis, qui ſe fit à la place de la court , auquel entrerent pluſieurs Gentishommes tant de la Cour que de la ville.

Voila le ſommaire diſcours tant de l'accueil que des fiançailles & eſpouſailles de Charles Emanuel, Duc de Sauoye auec Madame Catherine d'Eſpaigne. Dieu par ſa ſaincte bonté & miſericorde permettra, que ceſt' alliãce reuſſira au bien de la Chreſtienté, & au contantement & ſoulas des peuples rangez ſous leur obeiſſance.

www.ingramcontent.com/pod-product-compliance
Lightning Source LLC
LaVergne TN
LVHW012022170826
845678LV00004BA/1599

* 9 7 8 2 3 2 9 6 3 8 0 2 7 *